Mamá y Mami sueñan con un Bichito de Luz

Judit Franch

LiberumVox
BOOKS

Publicado por Liberum Vox Books

Proyecto y realización: Liberum Vox Books
Texto e ilustraciones: Judit Franch

© 2018 para la edición en español Liberum Vox Books
www.liberumvoxbooks.com

Segunda edición
ISBN: 978-84-17193-02-7

DL B 25023-2017

IBIC: YFU; YXF; YXL

Quedan rigurosamente prohibidas, sin la autorización escrita de los titulares del copyright bajo las sanciones establecidas en las leyes, la reproducción parcial o total de esta obra por cualquier medio o procedimiento, comprendidos la reprografía y el tratamiento informático, y la distribución de ejemplares de ella mediante alquiler o préstamo públicos.

Cualquier forma de reproducción, distribución, comunicación pública o transformación de esta obra sólo puede ser realizada con la autorización de sus titulares, salvo excepción prevista por la ley. Diríjase a CEDRO (Centro Español de Derechos Reprográficos, www.cedro.org) si necesita fotocopiar o escanear algún fragmento de esta obra (www.conlicencia.com; 91 702 19 70 / 93 272 04 47).

*Para el
Bichito de Luz
que ilumina
los corazones de
sus dos mamás*

Desde aquel día en que al verse sus corazones dieron un salto y se enamoraron,

mamá y mami vivieron muchos sueños juntas y eran muy felices.

Soñaron... con compartir muchas cosas... que poco a poco se fueron convirtiendo en realidad.

Y ocurrió una noche que mamá tuvo un sueño.

Y mami también tuvo un sueño...

Por la mañana mami se despertó muy contenta y le dijo a mamá:

_¿A que no adivinas con qué he soñado?

Y mamá respondió:

_Con un bichito de luz que quiere ser un bebé.

_¡Tuvimos el mismo sueño! –dijo mami riendo de alegría.

_Parece que ha llegado la hora de convertirnos en mamás –agregó mamá con una gran sonrisa de felicidad.

Pero entonces pensaron:
  "¿CÓMO PODREMOS HACERLO?"

Porque **para hacer un bebé hay que juntar dos partes...**

Una que se llama **óvulo** (lo tienen las mujeres) y la otra se llama **espermatozoide** (lo tienen los hombres).

¡Ah! Y también hace falta una barriga donde se alojará el bebé durante nueve meses.

Mamá y mami buscaron información en libros e Internet. **Les preguntaron a otras familias de dos mamás cómo habían hecho para tener a sus bebés.** También pidieron cita con un médico especialista en el tema.

Mamá y mami fueron a visitar al médico y le explicaron que había un bichito de luz que se quería convertir en su bebé y que no sabían muy bien qué tenían que hacer.

El doctor les dijo que eso no era ningún problema porque había un sitio, el banco de semen, donde los señores donantes dejan sus semillitas (los espermatozoides) para las mamás que las necesiten.

Y luego agregó, estoy seguro que encontraremos **la semillita justa para este bichito de luz tan insistente.**

Pero...

¿CÓMO SE HACE TODO ESO?

Con unas gotitas de vuestra sangre y otras pruebas más podemos averiguar todo eso. También sabremos qué barriga puede ser la más cómoda para que se aloje el bichito de luz.

A lo mejor... una mamá puede poner su semillita (el óvulo) y la otra mamá la barriga.

¡RING! ¡RING!

Era el doctor que les avisaba que los análisis habían dado bien y que la Sra. Bióloga tenía guardada, en el banco de semen, una semillita (espermatozoide) que era justo para ese Bichito de Luz.

Los corazones de mami y mamá dieron un brinco de alegría.

Estaban muy nerviosas, emocionadas y **¡FELICES!**

Cuando volvieron a visitar al médico éste les explicó que hay varias maneras para que se unan el óvulo con el espermatozoide.

A esto lo llamamos fecundación.

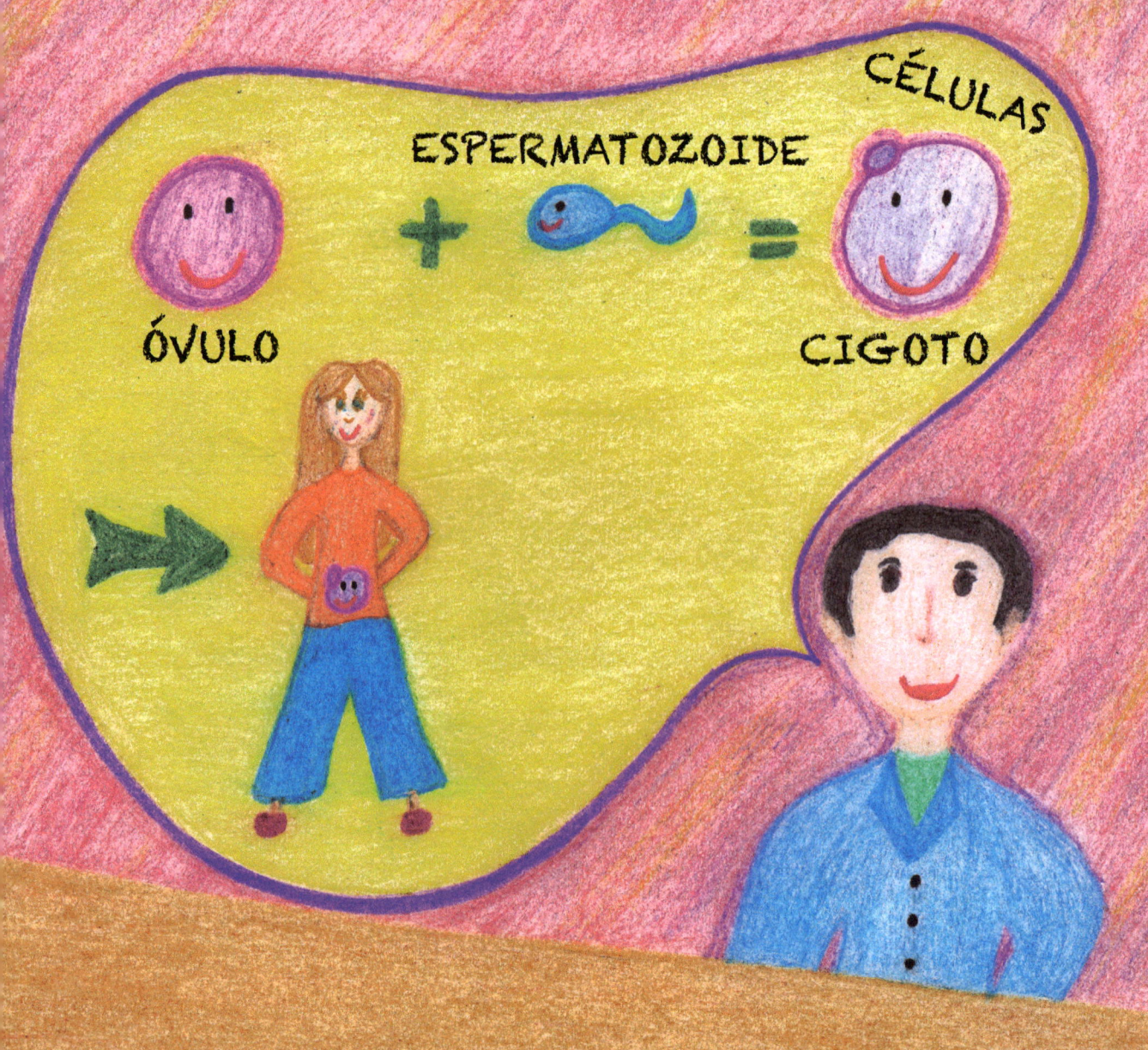

ÓVULO + ESPERMATOZOIDE = CÉLULAS CIGOTO

Les dijo también cuál era la forma que le parecía más adecuada para ellas y que si todo salía bien se formaría un cigoto que se alojaría en la barriga de mamá o de mami y que allí crecería durante nueve largos meses...

¡Hasta que nace un bebé!

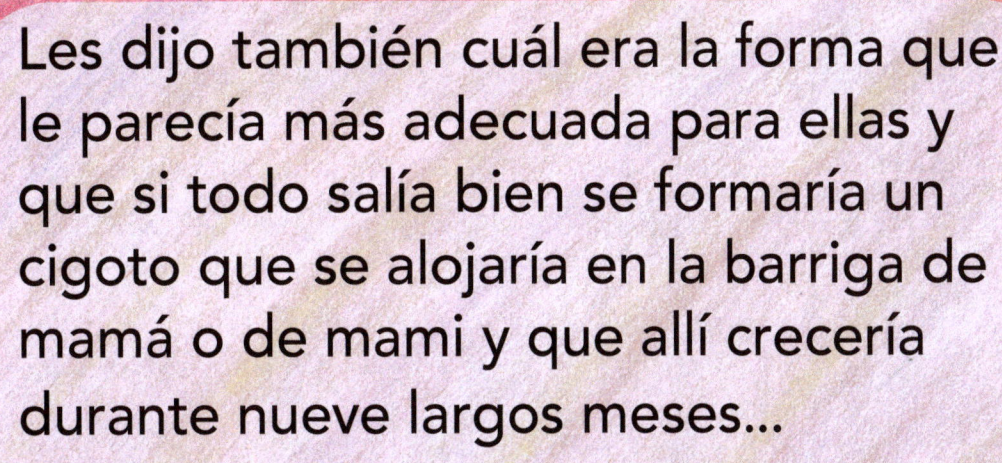

¿Y qué le pasó al Bichito de Luz?

¡Y esta es mi familia!

www.ingramcontent.com/pod-product-compliance
Lightning Source LLC
Chambersburg PA
CBHW042056050526
44107CB00110B/1193